AF388864

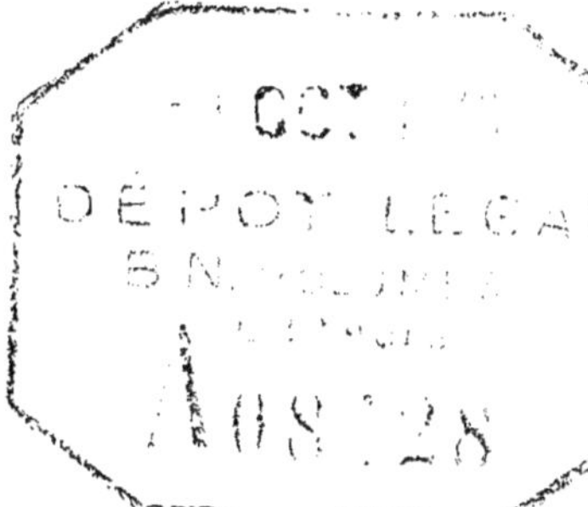

Offert en toute cordialité
aux Pères-la-Joie
par leur Président

LES PÈRES-LA-JOIE

DE

Saint-Pol-sur-Ternoise

PAR

Alfred DEMONT

Notice ayant obtenu le 1er Prix d'Histoire locale

avec Rose d'Argent

au Concours des Rosati de Paris en 1930

ARRAS

NOUVELLE SOCIÉTÉ ANONYME DU PAS-DE-CALAIS

5, Boulevard de Strasbourg, 5

1930

LES PÈRES-LA-JOIE

DE

Saint-Pol-sur-Ternoise

Fondée en 1922 pour figurer dans le cortè-
ge de la Mi-Carême à Saint-Pol, la Société
« Les Pères-la-Joie », qui a pris le nom
qu'elle porte l'année suivante, a acquis depuis, chacun le sait, une grande renommée.
On l'a vue plusieurs fois à Lille, à Boulogne-
sur-Mer et à Arras. Elle est allée en outre à
Douai, à Béthune, à Grenay, à Carvin, à Bruay-
en-Artois, à Auchel, à Pernes, à Bryas, à Fru-
ges, à Frévent, à Doullens et, ce dont elle se
glorifie surtout, certes à juste titre, à Paris, en
1925, pour prendre part à la Fête du Muguet.
Dans la Capitale elle chanta ses chœurs et
exécuta ses ballets sur la Place de l'Hôtel-de-
Ville, devant une foule énorme, qui ne fut
pas avare de ses applaudissements. N'a-t-elle
pas mérité aujourd'hui quelques courtes pa-
ges de biographie ?

Mais quel est donc tout d'abord le secret
de la renommée dont jouit cette société et
qui, depuis huit ans, n'a toujours fait que
s'accroître ? Les soixante membres compo-
sant le groupement, savoir : 20 à 25 musiciens, 16 danseurs, choristes en même temps,
cinq dames, dont le rôle est de faire la plus
jolie et la plus riche parure des chars
qu'exhibent les Pères-la-Joie ou bien de ven-
dre des chansons parmi les curieux, un président, un directeur, un secrétaire-trésorier,
un porte-fanion, et des membres haut-le-
pied, si cette expression m'est permise, exer-
çant comme une police sur les flancs du
groupe dans les cortèges, tous sont soumis à
une forte discipline unanimement acceptée et
que le président a le devoir de faire régner

dans les réunions et les sorties ; mais, qu'on le sache bien, cette discipline est unie à une excellente camaraderie. Si nous ajoutons à cela : un goût atavique, profondément enraciné en chacun des sociétaires, pour les plaisirs carnavalesques, le grand amour qu'ont les Pères-la-Joie de leur ville natale, leur vif désir de faire un don appréciable à de bonnes œuvres, le beau talent musical de leur directeur et le dévouement enfin du professeur de gymnastique chargé de leur apprendre danses et ballets, nous aurons les raisons cachées de leurs nombreux succès.

Les Pères-la-Joie, dont la devise est : **Joie et Bienfaisance,** devise magique — on peut en effet remarquer que souvent une société réussit quand elle poursuit un but charitable, — inscrite sur leur fanion or et bleu (1), forment assurément une société joyeuse ; mais celle-ci n'a cependant rien de drôlatique ou de burlesque et si elle prend part à des fêtes carnavalesques, cela ne veut pas dire qu'elle s'y livre à des extravagances faisant naître le rire. On peut plaire au public, le charmer, gagner ses suffrages et sa sympathie par des exhibitions sérieuses et agréables à la fois, empreintes même, pourquoi pas ? d'art et de poésie. Je dirai d'ailleurs plus loin quelles ont été jusqu'aujourd'hui les productions des Pères-la-Joie, **leurs figurations** dans les cortèges de Mi-Carême et autres.

Auparavant je dois rechercher l'origine de ce genre de société, qui est très répandu dans le Nord de la France ainsi qu'en Belgique. Chez nos voisins, en effet, les associations joyeuses pullulent et comprennent chacune jusqu'à 150 et 200 membres. Dans le département du Nord, elles sont encore très nombreuses, à Lille et aux alentours surtout. En Artois, il y en a un peu moins et le chiffre des

---

(1) Ce fanion fut offert aux Pères-la-Joie par M. Henri Catelin, négociant à Saint-Pol. MM. Catelin père et fils furent des membres bienfaiteurs et d'honneur de cette société.

Les Pères la Joie au Carnaval d'Été d'Arras en 1924

(Photo Vasse

sociétaires est plutôt restreint. Dans la Somme et l'Aisne, celles qui par hasard s'y forment n'ont aucune durée. D'où vient alors qu'il n'y ait qu'en Artois, en Flandre et dans le Hainaut qu'on rencontre des sociétés de ce genre ?

Bien que celles-ci se soient montrées tout de suite après la Guerre, elles ne sont pas nées de ce besoin de plaisir que l'on avait alors. C'était tout simplement une tradition qui reparaissait, l'origine de ces associations étant lointaine dans le passé. En remontant le cours des siècles, nous verrons qu'au XVe une foule de groupements semblables existaient déjà tant à Paris qu'en province, prenant tous à tâche d'amuser autrui en ridiculisant surtout les travers contemporains.

On connaît les plus célèbres de ces Sociétés : **Les Enfants sans Souci** et **Le Royaume de la Basoche**, à Paris ; **la Mère Folle**, à Dijon ; **Les Cornards** ou **Cosnards**, à Rouen et à Evreux, pour ne citer que celles-là.

La plupart étaient à la fois des associations pieuses et charitables et des compagnies joyeuses, le moyen-âge offrant en tout et partout le mélange du sacré et du profane. Telle fut en Artois la Confrérie, la « Carité », comme on l'appelait aussi, de Saint-Jacques en Sainte-Croix d'Arras, confrérie très ancienne, puisqu'il est déjà fait mention d'elle vers l'an 1260 dans une pièce satirique d'un poète anonyme de cette cité (1). Citerai-je encore parmi les Sociétés les plus connues au 15e siècle en Artois et en Flandre : **les Compagnons d'Amours** ; **les Gens de l'Adventure** ; **les Compagnons de Bon Vouloir**, d'Arras ; **les Compagnons de Peu de Sens**, d'Oisy ; **les Sots** de l'Abbaye d'Anchin ; **les Apôtres**, de La Cauchie ; **les Mal Pourvus**, d'Orchies ; **les Indigents**, de Marchiennes ; **les Bons enfants** et **les Compagnons d'Amours**, de Douai ;

---

(1) La Confrérie de Saint-Jacques et les Portraits du Musée d'Arras, par A. Guesnon — Arras, imp. Répessé, Cassel et Cie, 1913, 50 pp. in-4", pp. 19 à 27.

les **Tard Sages** et **les Coquins**, de Valenciennes ; **'le Prince de Sottie,** de Lille ; **les
Cochons de la Rouge truie,** etc., etc. (1).

Il y avait des sociétés semblables à Béthune, à Hesdin, à Montreuil, à Cambrai. Rares
enfin étaient les localités un peu importantes
qui n'en avaient pas.

Chaque société avait son chef dénommé
mayeur ou roi, ou prince, ou amiral, pape,
évêque, prieur, abbé, recteur, prévôt, etc.
C'était le président d'aujourd'hui. Chacun
avait aussi son groupe d'acteurs, acteurs qui
jouaient en plein vent.

Ces associations participaient à toutes les
fêtes populaires comme aussi aux cérémonies
officielles. C'est ainsi que lors de l'entrée
solennelle de Charles le Téméraire à Arras,
le 16 mars 1469, ou de celle de Charles-Quint,
dans la même ville, le 16 mai 1516, elles don-
nèrent des spectacles et autres « **joyeusetés** »,
notamment des « **remonstrances** » sur des es-
trades dressées le long des places ou **rues,**
par lesquelles devait passer le personnage
honoré. « Au-devant de La Balayne, fut fait
par les confrères de St-Jacques ung beau
hourt, où estoit la prise de Grenade en plusieurs chappitres, bien fait et honnestement
préparé » (2).

Lors de l'entrée de l'archiduc Maximilien,
le 25 juin 1599, le théâtre de Saint-Jacques
fut dressé sur la Petite-Place d'Arras. Il
allait de l'entrée de la rue de Justice jusqu'au
puits se trouvant devant la maison de la Ba-
leine ; il mesurait donc presque toute la lon-
gueur de la place, « hourt bien paré et acous-
tré, où avoit flambeaux de chire ardant, au-
quel hourt se remonstroit l'istoire de Bau-
duin et autres Comtes de Flandres » (3).

Le plus souvent c'étaient des **sotties** que

---

(1) Archives Communales d'Arras, Reg.
Mém. X, fol. 72 r° ; et Mémoires sur Arras
et l'Artois, par Harduin, page 29.

(2) Arch. Comm. d'Arras, Reg. Mém. XI, f°
111-117.

(3) Arch. Comm. d'Arras, Reg. Mém. XI,
f° 96-106.

les compagnies joyeuses représentaient, et ces **sotties** étaient des pièces satiriques dans lesquelles étaient mis en scène et parodiés tous les pouvoirs, toutes les autorités, même le Roi.

Aux Jours Gras, ces sociétés organisaient des cortèges et des exhibitions, celles-ci souvent licencieuses et scandaleuses ; le droit de médisance, accordé par le Parlement, s'y exerçait en outre librement, et par des couplets surtout.

Un personnage était à Arras spécialement chargé de l'organisation de ces divertissements. C'était l'abbé de Liesse, marchand ou artisan, que, chaque année, bourgeois et vilains élisaient à ces importantes fonctions d'amuseur public. Une crosse en argent doré était l'insigne de celles-ci.

Sauf aux Jours Gras, l'Abbé de Liesse et ses compagnons se rendaient dans les villes voisines pour prendre part aux fêtes qui y étaient données. La Confrérie de Saint-Jacques allait par exemple à Douai, le 1er janvier, pour la Fête des Anes. A leur tour, les compagnies joyeuses de Lille, Valenciennes, Cambrai, Douai, Béthune, etc., par échange de politesses, leur apportaient leur concours, le dimanche gras, à leurs diverses « **joyeusetés** ». Une Rose d'argent était attribuée à la société qui venait de l'endroit le plus éloigné.

N'est-ce pas là même ce que nous voyons de nos jours ? Et ne dirait-on pas que nos associations joyeuses actuelles soient celles de jadis qui continuent d'être, sans qu'il y ait eu la moindre interruption dans leur existence ? Leurs noms d'ailleurs ne sont-ils pas semblables à ceux d'autrefois ? N'organisent-elles pas des exhibitions et des cortèges aux Jours Gras ou à d'autres ? Et sous le rapport de la charité, n'y a-t-il pas chez elles le même désir qu'autrefois de faire le bien ? N'ont-elles pas aussi pour la plupart leur groupe d'acteurs jouant non plus des **sotties,** mais toutes sortes de pièces modernes, quelquefois par trop gauloises. C'est ainsi que les Pères-la-Joie ont une section dramatique, qui est sou-

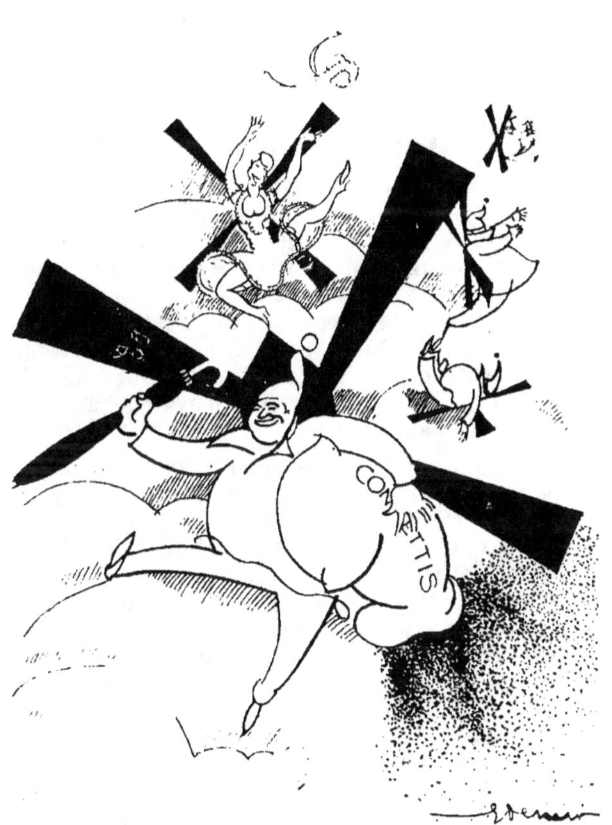

LE DIEU DU PLAISIR

vent demandée pour des concerts dans l'arrondissement de Saint-Pol et qui remporte chaque fois un beau succès. Il n'y a donc encore une fois rien de nouveau sous le soleil.

Pour répondre maintenant à la question posée plus haut et expliquer pourquoi les sociétés joyeuses se sont maintenues chez nous alors qu'elles ont disparu ailleurs, je ferai remarquer que l'Artois, la Flandre et les Pays-Bas furent pendant longtemps provinces espagnoles. Non seulement les troupes impériales y circulaient souvent, mais beaucoup de sujets de Charles-Quint vinrent s'y fixer et y faire souche. Ce qui le prouve, ce sont les nombreux noms espagnols que l'on rencontre en parcourant les listes d'habitants. Avec eux ces étrangers apportèrent les mœurs et coutumes de leur pays, et notamment un penchant particulier pour les manifestations carnavalesques et drôlatiques, qui ne fit qu'exciter davantage celui qu'avait déjà la population indigène.

A Saint-Pol-sur-Ternoise, l'occupation espagnole marqua son empreinte plus qu'en tout autre endroit peut-être. Il en reste d'ailleurs quelque chose aujourd'hui : l'air local, chanté surtout pendant les Jours Gras et qui est un vieil air espagnol. Et comme déjà les gens de ce pays avaient une grande réputation comme amateurs de plaisirs carnavalesques (1), — l'histoire locale ne raconte-t-elle pas en effet que Philippe de Bourgogne, arrière-petit-fils de Jean le Bon et successeur comme Comte de Saint-Pol de son grand-père maternel Wallerand de Luxembourg, remporta à Bruxelles, en 1428, à l'âge de 24 ans, le premier prix dans les jeux et divertissements des Bacchanales par sa magnificence, son adresse, l'esprit et la variété de ses déguisements ? (2) — faut-il s'étonner qu'on y

---

(1) L'ancien Carnaval de Saint-Pol, par Ed. Edmont. — Saint-Pol, Dubois, 1908, 15 pp. in-8.

(2) Histoire de Saint-Pol, par G.-E. Sauvage. — Arras, Degeorge. 1834, page 69.

ait encore, en ce temps d'après-guerre, un goût très vif pour les folies du Carnaval et qu'un jour soit née la Société : LES PERES-LA-JOIE.

** *
* * **

Les Pères-la-Joie !... Ce nom ne nous vient pas tout droit du Moyen-Age ; mais il fut porté par une autre société il y a cependant longtemps. C'était en 1793-1794, pendant la Terreur, que sous ce nom existait à Saint-Pol un groupe de bons vivants, se réunissant pour fumer des pipes et vider pintes et canettes de bière, banqueter et chanter, chercher à dissiper, sans aucun doute, les inquiétudes qui pouvaient tourmenter chacun à cette terrifiante époque.

C'est là tout ce que la tradition et MM. Nicolas Lambert et Edmond Edmont dans leurs œuvres rapportent sur cette ancienne société saint-poloise ; mais les descendants des Pères-la-Joie ont réussi, cent trente ans après ceux-ci, à donner à leur nom, ressuscité par leur président, un lustre nouveau, puisqu'on voit ce nom inscrit sur tous les palmarès de concours carnavalesques et toujours à la place d'honneur.

On trouvera à la fin de cette plaquette la liste des récompenses obtenues par la société actuelle ; mais je tiens à dire tout de suite que sa première récompense fut un premier prix avec une prime de 1.200 francs décerné à Lille le 21 mai 1923. Les Pères-la-Joie concouraient dans une section renfermant une vingtaine de sociétés françaises et belges.

Je dirai aussi que ce sont les primes gagnées dans les concours qui permettent à cette association joyeuse de vivre. Ces primes, le produit de la vente de ses chansons, et celui des bals travestis et des concerts qu'elle donne dans le cours de l'année constituent à eux seuls le trésor des Pères-la-Joie. Jamais il n'a été demandé à ceux-ci un centime de cotisation, et la société n'a pas de membres honoraires.

Or, la caisse doit faire face aux frais des déplacements, voyages en chemin de fer ou en autobus, des repas, et surtout des costumes, le premier travesti seûlement ayant été mis à la charge de chaque sociétaire. Et c'est encore la caisse qui acquitte les frais du Banquet annuel, qui a lieu le lundi de la Fête Communale, jour spécialement réservé aux Pères-la-Joie et qu'ils doivent animer de leurs ébats et de leurs chants, ce de quoi ils ne se font pas faute.

Les primes et autres bénéfices sont toujours tombés si gros dans le porte-feuille du dévoué et vigilant secrétaire-trésorier que celui-ci n'a jamais craint de se trouver en déficit. Aussi les Pères-la-Joie auraient-ils pu facilement tripler et quadrupler leur nombre, s'ils n'avaient pas pris la ferme résolution de n'être pas plus de soixante membres.

Je viens de parler de costumes : c'est celui du meunier saint-polois d'autrefois qui est leur principal travesti, celui dont ils se revêtent le plus souvent et notamment pour leur banquet : roulière en toile bleue, pantalon blanc, bonnet bleu, haut faux-col, cravate noire; c'est ainsi qu'on aime surtout à les voir dansant autour de leur moulin à vent, paré de verdure et de mille fleurs, et sur le seuil duquel sourient deux charmantes meunières à la courte jupe multicolore, au corselet de soie noire, au tablier et à la coiffe en dentelle blanche.

En 1922, les Pères-la-Joie se firent admirer dans le costume de Conspirateurs. Ils chantaient : « Quand on conspire… etc. » En 1925, ils se travestirent, les musiciens en « nounous », les autres en bébés coiffés du bourrelet. Ce fut alors un groupe réellement drôlatique, qu'ils renoncèrent à former l'année suivante, pour revêtir la tenue si seyante du montagnard pyrénéen.

Aujourd'hui, ils composent un groupe merveilleux de gondoliers vénitiens. Ils ont une gondole en tout semblable à celles de la Cité des Doges et qu'occupe un couple très richement vêtu. D'ailleurs leurs chars, l'œuvre de deux sociétaires, MM. Léon Bailleul et Emile Létoquart, qui montrent en cela un véritable

LES PÈRES-LA-JOIE AU CARNAVAL D'ÉTÉ D'ARRAS EN 1926

(Photo Mériaux)

talent d'artiste, et de Mme Bailleul, experte en
matière de décoration, leurs chars. dis-je,
sont toujours appropriés à leurs groupes, de
même que leurs ballets et leurs chants.

Les Pères-la-Joie ont en effet un répertoire de plusieurs chansons et chœurs : leur
marche d'abord, la **Marche des Pères-la-Joie,**
paroles de leur président, musique de M. Emile Lagniez, ancien élève de l'Ecole Nieder-
meyer, décédé dernièrement organiste à Pernes-en-Artois. La voici en entier :

I

Pères-la-Joie, ainsi qu'on nous appelle,
Du vieux Saint-Pol nous sommes les enfants,
Les bons enfants, les fils les plus fidèles,
Et les plus gais, les plus réjouissants.
Nous aimons tous à chanter la romance,
Répandre aussi par la saine chanson
Un peu de joie et mettre l'espérance
Dans tous les cœurs vibrant à l'unisson.

REFRAIN

Chantons, Pères-la-Joie,
Et semons la gaîté.
Du bonheur, c'est la voie.
Chantons, c'est la santé.
Chantons, Pères-la-Joie,
Et vive la gaîté !
Du bonheur c'est la voie.
Chantons, c'est la santé.

II

On voit bientôt s'éclairer chaque mine,
Quand nous chantons nos couplets pleins
[d'entrain;
L'esprit n'est plus où l'étoile illumine,
Quand retentissent nos joyeux refrains.
Fille du peuple et fille aussi de France,
Tu fascines, ô magique chanson !
Notre pays te doit sa délivrance ;
Ce fut ta gloire, ô grande Madelon !

(Au Refrain).

LES PÈRES LA-JOIE A LA FÊTE DE LA MI-CARÊME A SAINT-POL EN 1930

(Photo Duhamel)

III

Et dans chacun de nos foyers il brille
Comme un rayon de clair soleil d'été.
Il règne au sein de nos chères familles
Un bel accord né de notre gaîté.
Nos femmes ont les yeux faits de sourires,
Et nos enfants grandissent dans le bien.
Pères-la-Joie, aimons tous à redire :
Sans la gaîté, jamais bonheur ne vient.

(Au Refrain).

Voici maintenant le premier couplet et le refrain de leur chanson : **Les Meuniers en fête :**

Les Meuniers Saint-Polois, aujourd'hui, sont
[en fête,
Et leurs moulins à vent sont fleuris et parés.
Les Meunières ont mis leur plus riche toilette.
Et la danse commence à travers les grands
[prés.
Tic tac tic tac, tic tac tic tac.

REFRAIN

O beau Moulin, qui tourne, tourne,
Quand le travail en fait ta loi.
Tourne encor, sois gai, c'est fête, tourne
Et chante, beau moulin saint-polois !
Tic tac tic tac, tic tac tic tac.. etc.

Puis un couplet de : **Saint-Pol en délire :**

Saint-Polois, ô frères,
Voici le grand jour !
Laissons nos affaires !
Au plaisir le tour !
Que les rues, les places
S'emplissent de fous !
Sans que l'on se lasse
Tous, égayons-nous !   **(Bis)**

REFRAIN

Vive la Mi-Carême,
Jour de délire extrême !
Le rire étant la loi,
Rions bien, Saint-Polois !
Chantons à perdre haleine !
La joie est notre reine.
Ces heures de bonheur
Nous rempliront d'ardeur.   **(Bis)**

On trouve aussi dans le répertoire des Pères-la-Joie: **Carnaval, donn'-nous gramint d'
plaisi ! Hommage au Petit-Quinquin,** sur des
airs anciens, chanson qui a valu à son auteur,
le président des Pères-la-Joie, une prime de
300 fr., la plus élevée, au Carnaval d'été —
fête de la Chanson à Lille en 1925 ; **Sous
les Monts ;** et **Venezia Bella.**

Comme chœurs à deux voix, ils ont **Paris
et Saint-Pol** et **Les Saint-Poloises,** œuvres des
parolier et compositeur déjà nommés. Un
chœur à quatre voix, **Le Carnaval de Saint-
Pol,** du Saint-Polois M. Gabriel Théret, en
son vivant chef de musique militaire, fut aussi chanté par eux en 1923. Ils se révélèrent
cette fois artistes d'orphéon et obtinrent un
très vif succès à Saint-Pol et à Lille.

Ces gais et vaillants lurons n'expriment
jamais de plaintes relativement à la tâche
quelquefois très lourde qu'on leur demande,
et, quand, la journée de fête terminée, ils sont
harassés, tant ils se sont donnés entièrement
à leur rôle, ils ont encore le regard rieur :
c'est qu'ils pensent qu'ils pourront, rentrés
dans leur bonne ville, offrir de nouveau quelques douceurs aux vieillards de l'Hospice
communal ou aux jeunes orphelines de la
Maison des Sœurs Franciscaines.

Leur société est, en effet, essentiellement
philanthropique. Faire le bien tout en amu-
sant et en se récréant eux-mêmes, c'est là le
seul but que poursuivent les Pères-la-Joie de
Saint-Pol-sur-Ternoise.

Mars 1930.

PRINCIPALES RÉCOMPENSES OBTENUES

PAR

LES PÈRES-LA-JOIE

dans les Concours Carnavalesques

1922. — Mi-Carême à Saint-Pol. 1er Prix (Groupe de Conspirateurs).

1923. — Mi-Carême à .Saint-Pol. 1er Prix (Les Pères-la-Joie).

1923. — 21 mai. Carnaval d'Eté de Lille. 1er Prix avec prime de 1.200 francs et médaille d'argent (Les Pères-la-Joie).

1924. — Mi-Carême à Saint-Pol. 1er Prix (Bébés et nourrices).

1924. — 4 mai. Fête du Commerce à Saint-Pol. 1er Prix (Meuniers en fête).

1924. — 24 août. Carnaval d'Eté d'Arras. 1er Prix de chars avec prime de 800 francs (Moulin fleuri); et 2e Prix de groupes avec prime de 800 francs (Meuniers en fête).

1926. — Mi-Carême à Pernes-en-Artois. 1er Prix (Meuniers en fête).

1926. — 22 août. Carnaval d'Eté d'Arras. 1er Prix de chars avec prime de 800 francs (Paysage pyrénéen) ; et 1er Prix de groupes avec prime de 1.000 francs (Montagnards en fête).

1927. — Mi-Carême à Saint-Pol. 1er Prix avec félicitations du jury et une prime de 550 francs (Montagnards en fête).

1927. — 6 juin. Carnaval d'Eté de Lille. 2e Prix avec prime de 5.000 francs (Montagnards et leur char).

1927. — 12 juin. Carnaval d'Eté de Béthune. 4e Prix avec prime de 600 francs (Montagnards et leur char).

1929. — 20 mai. Carnaval d'Eté de Lille. 3e Prix avec prime de 2.500 francs. (Gondoliers Vénitiens et leur Gondole).

LISTE DES MEMBRES DE LA SOCIÉTÉ
LES PÈRES-LA-JOIE

MM. Demont Alfred, président ; Fromentel
Charles, secrétaire-trésorier ; Bailleul Léon,
Châtel Hippolyte, Châtel Léon, Châtel Léon-
ce, Dupuis Eugène, Gouillart Joseph, Léto-
quart Emile, Parmentier Jules, Petit Paul,
Régnier Paul, Sénéchal Alfred, membres de la
Commission; Pénet Robert, directeur; Gouillart Henri, chef d'orchestre (trombone) ;
Châtel Jean (clarinette), Detœuf Paul (clarinette), Lecieux André (clarinette), Dupuis
Lucien (grande flûte), Pénet Achille (haut-
bois), Calvet (saxophone), Pénet Roland
(saxophone), Ducauroy (piston), Lamourette
Ernest (piston), Louchet Léon (piston),
Saint-Germain (baryton), Havet Henri (bas-
se), Bigand Jules (tambour), Gouillart Joseph (grosse caisse) ; Fromentel fils, porte-
fanion.

Mlles Jeanne Dhollande, Pauline Ledru,
Alice Lemaire, Louise Paget, Marcelle Passepont.

MM. Bocquillon Fernand, Bricout, Châtel
André, Chesnel Henri, Devaux Paul, Dhollan-
de Arthur, Douchet Henri, Douchet Fernand,
Dubois Argent, Ducay Léon, Dupuis David,
Dupuis Emile, Grébaut Emile, Hanocq Jean,
Hermant Henri, Louchet Paul, Paget Henri,
Pénet Robert fils, Pruvost Léon, Vue Eugène,
Thellier.

Section artistique et dramatique : Mlles
Dhollande, Lemaire et Passepont ; MM. Fromentel père, Dupuis Lucien, Parmentier, Pénet Robert fils, Petit, Pruvost et Régnier.

Membre décédé : M. Edouard Châtel.

Siège de la Société chez M. Dupuis Emile,
cafetier, Place du Marché aux bestiaux, à
Saint-Pol-sur-Ternoise.